LECTURES CLE EN FRANÇAIS FACILE

Tristan et Yseut

Béroul

Adapté en français facile
par Sylvie Schmitt

Crédits photographiques
Couverture : alatielin/Fotolia
Pages 3, 5 et 61 : © BIS / Ph. Coll. Archives Larbor

Direction éditoriale : Béatrice Rego
Édition : Sylvie Hano
Couverture : Fernando San Martin
Mise en page : Isabelle Vacher
Illustrations : Conrado Giusti
Enregistrement : Vincent Bund

© CLE international, 2017
ISBN : 978-209-031786-2

N° de projet : 10294416 - Dépôt légal : août 2017
Imprimé en France en 2023 par la Société TIRAGE - 91941 COURTABŒUF

ON NE SAIT RIEN de la vie de Béroul, auteur de cette version de *Tristan et Yseut*, long poème écrit en dialecte normand au XIIe siècle, vers 1150. Béroul a certainement vécu en Grande-Bretagne car il a une bonne connaissance de ce pays.

Il n'a pas inventé l'histoire de *Tristan et Yseut*. Il a repris une légende racontée par des conteurs venus de Grande-Bretagne. On sait par exemple que Breri, un conteur gallois, racontait déjà cette histoire d'amour à la cour du comte de Poitiers en 1130. On peut penser que cette légende est d'origine celte car on trouve dans ce récit de nombreuses traditions celtiques.

Le début et la fin manquent au seul manuscrit que nous a laissé Béroul. Nous pouvons reconstituer l'histoire complète grâce à des adaptations anglaises, allemandes et scandinaves comme celles de Thomas d'Angleterre, d'Eilhart d'Oberg ou le *Tristan et Isolde* de Gottfried de Strasbourg. Certains passages de ces adaptations sont différents de la version de Béroul en raison à la fois de particularités culturelles et de l'interprétation des nombreux auteurs de cette légende.

Les personnages

• **La reine d'Irlande** est une magicienne et sa fille, Yseut, est son élève. Elles savent guérir les blessures et lutter contre les poisons.

• **Le géant Morhout** est le frère de la reine d'Irlande. Il est maître de la mer et ressemble au Minotaure du mythe grec.

• **Yseut** est une femme intelligente, elle utilise très bien la parole et les ruses[1] pour tromper son époux, le roi Marc de Cornouailles.

• **Le roi Marc de Cornouailles** est hésitant, il aime Yseut et il a de l'affection pour son neveu Tristan, mais il écoute les barons qui jalousent Tristan parce qu'il est le seul héritier du royaume de Cornouailles.

• **Tristan**, l'amant d'Yseut, est un héros guerrier. C'est un homme fort et courageux. Son écuyer Gouvernal est toujours là pour l'aider.

---

1. Une ruse : une idée pour tromper une personne de manière habile.

La vie au château

Le château du roi Marc est dans la cité de Tintagel. C'est un château sans étage, les divers récits de la légende ne parlent pas d'étage ou d'escalier.

Il y a une immense salle où se déroulent les festins et où le roi réunit les barons.

La chambre du roi Marc est une très grande pièce ronde où dorment aussi les proches du roi, les invités et son neveu Tristan. Le lit du roi est au centre de la chambre. Yseut dort parfois dans le lit de son époux, mais elle a une chambre personnelle qui se trouve dans la partie occupée seulement par les femmes. Derrière la chambre d'Yseut, il y a un jardin avec une fontaine.

Les mots ou expressions suivis d'un astérisque (*) sont expliqués dans le Vocabulaire, page 54.

PROLOGUE

*T*RISTAN perd ses parents très jeune, il est alors confié à son oncle le roi Marc de Cornouailles. Gouvernal, son écuyer*, se charge de sa formation.

Adolescent, Tristan combat le géant irlandais Morhout qui chaque année exigeait un tribut*: il venait chercher en Cornouailles une centaine de jeunes gens. Tristan est blessé par le Morhout, Yseut fille du roi d'Irlande et nièce du Morhout, le soigne.

À la cour du roi Marc, les barons* pressent le roi de se marier. Un jour, une hirondelle entre dans la chambre du roi par la fenêtre ouverte et dépose sur une coupe un long cheveu d'or. Le roi Marc décide alors d'épouser la femme à qui appartient ce cheveu blond. Tristan retourne en Irlande à la recherche de cette jeune fille qui se révèle être celle qui l'a soigné, la belle Yseut.

À cette époque, les habitants de l'île sont victimes d'un terrible dragon que Tristan rencontre et tue. Il lui coupe la langue qu'il garde dans sa botte comme preuve de sa victoire. Empoisonné par la présence de cette langue dans sa botte, Tristan s'évanouit dans la chambre de la reine d'Irlande. Yseut et sa mère le soignent à nouveau.

La mère d'Yseut prépare un philtre d'amour[2] pour le roi Marc et sa fille qui vont bientôt se marier. Sur le bateau qui emmène Tristan et Yseut en Cornouailles, la servante Brangien se trompe de flacon[3] et donne à boire le philtre à

---

2. Un philtre d'amour : une boisson magique qui rend amoureux.
3. Un flacon : une petite bouteille.

Tristan et à Yseut. Pris d'une passion irrésistible l'un pour l'autre, ils s'aiment alors d'un amour profond.

Malgré la puissance de cet amour, le mariage d'Yseut et du roi Marc est célébré. Les deux amants doivent alors se cacher pour se rencontrer et des rumeurs[4] circulent dans le royaume. Le roi soupçonne son neveu d'avoir une relation amoureuse avec sa femme.

---

4. Une rumeur : des nouvelles que les gens se racontent.

Le roman de Béroul commence lorsque les deux amants se retrouvent un soir sous un arbre proche d'une fontaine dans le jardin derrière le château. Le nain Frocin a prévenu le roi Marc de ce rendez-vous. Celui-ci se cache dans les branches d'un arbre pour les espionner[5].

 1 – LE RENDEZ-VOUS

YSEUT aperçoit le reflet[6] du roi Marc dans la fontaine et, pour prévenir Tristan, elle lui dit :
— Tristan, vous me mettez dans une situation très gênante, pourquoi me faites-vous venir à une heure pareille[7] ! Certaines personnes de ce royaume pour qui vous avez combattu le Morhout font croire à mon mari que nous nous aimons d'un amour coupable. Ma mère et moi, nous vous avons soigné lorsque le Morhout vous a blessé, pour cette raison vous avez de l'amitié pour moi. Et moi, par repect pour mon mari, j'ai beaucoup d'affection pour vous, mais je préfère être brûlée que d'aimer un seul jour un autre homme que lui ! Tristan, je vous en prie, ne me donnez plus rendez-vous, si le roi apprend notre rencontre, il me donnera la mort.

Tristan comprend alors qu'ils sont surveillés et répond :
— Je vous ai fait appeler plusieurs fois parce que le roi m'a interdit de vous parler et d'entrer au château. Je veux vous dire ma souffrance, mon oncle est en colère et il ne me permet pas de me justifier. Moi aussi, je préfère mourir

---

5. Espionner : surveiller en secret.
6. Un reflet : une image.
7. Une heure pareille : trop tôt ou trop tard.

plutôt que d'être un jour votre amant. Le roi me déteste alors que je suis son neveu et que je ferai tout pour le servir. Des barons à la cour ne veulent pas qu'il garde à ses côtés une personne de sa famille, alors ils racontent des mensonges sur la nature de notre relation. Demandez à mon oncle de ne pas les croire !

— Tristan, je ne peux pas vous réconcilier[8] avec le roi, si je lui parle de vous, il va me croire coupable.

Elle regarde autour d'elle et ajoute :

— J'ai peur qu'on nous voie. Je suis ici depuis trop longtemps, s'il vous plaît Tristan, laissez-moi partir !

Yseut part et il la rappelle.

— Dame ! Vous êtes la seule à pouvoir m'aider. Le roi me hait et j'ai décidé de partir pour offrir mes services à un autre seigneur. Demandez-lui qu'il me donne de l'argent pour que je récupère mon cheval et mes armes que j'ai laissés en gage[9] chez l'aubergiste* où je dors.

— Tristan, vous perdez la tête ! Vous voulez ma perte ! Je ne peux pas demander au roi de vous aider !

Yseut s'en va. Tristan reste seul, il s'appuie contre un arbre et pleure un moment avant de sortir du jardin.

Le roi Marc descend de son arbre. Il pense alors : « Mon neveu et Yseut ne se sont pas embrassés et ils ne sont même pas touchés. C'est évident, ils ne sont pas amants ! Le nain Frocin dit des mensonges[10], il va mourir, le traître ! Je dois arrêter de me faire du souci et me réconcilier avec mon cher neveu. »

---

8. Réconcilier : arrêter de se disputer, redevenir ami.
9. En gage : laisser ses objets quand on ne peut pas payer sa facture.
10. Un mensonge (mentir) : ne pas dire la vérité.

Le roi Marc se rend ensuite dans la chambre d'Yseut, il veut savoir si elle est sincère.

– Yseut, je voudrais vous poser une question. Ne me cachez pas la vérité !

– Sire*, je ne vous ai jamais menti.

– Avez-vous vu mon neveu ?

– Oui, je l'ai vu tout à l'heure et je lui ai parlé sous le pin dans le jardin. Le malheureux est venu me demander de le réconcilier avec vous. Tristan est votre neveu, c'est pour cette raison que j'ai de l'affection pour lui. Mais je lui ai répondu qu'il ne doit plus jamais me faire appeler, car je ne viendrai plus. Je lui ai dit aussi que je ne peux pas l'aider. Des traîtres dans votre royaume vous racontent des mensonges. Vous pensez que j'aime Tristan, vous n'avez pas confiance en moi. Si vous ne me croyez pas, alors tuez-moi !

Le roi sait qu'Yseut dit la vérité, il l'a entendue parler avec Tristan dans le jardin. Il prend alors Yseut en pleurs dans ses bras. Il s'excuse et il lui dit que plus jamais il n'écoutera les rumeurs et les mensonges. Il ajoute que son cher neveu peut revenir et circuler librement dans toutes les pièces du château.

Frocin apprend la nouvelle, il se sauve et on ne peut pas le retrouver.

Tristan est heureux, il peut maintenant aller et venir dans la chambre du roi et dans celle de la reine. Les deux amants se font des signes et ils se donnent à nouveau des rendez-vous.

2 – LE PIÈGE ET L'ÉVASION

Trois barons : Godoïne, Ganelon et Denoalain ont vu Tristan et Yseut nus dans le lit du roi, ils ne peuvent plus tolérer cette situation. Ils décident de parler au roi Marc :

« Sire, Tristan et Yseut s'aiment, tout le monde le sait et vous aussi. C'est intolérable ! Si vous ne dites pas à votre neveu de partir, nous vous ferons la guerre. Qu'est-ce que vous décidez ? »

Le roi Marc ne sait pas quoi dire ni penser, il baisse la tête, fait quelques pas, puis s'exclame :

– Bon, d'accord... conseillez-moi !
– Sire, faites venir le nain Frocin, il est de bon conseil.

Le nain Frocin arrive rapidement et fait cette proposition :
« Sire, demandez ce soir à votre neveu d'aller apporter un message au roi Arthur. Tristan dort dans votre chambre et avant de partir demain matin, il va vouloir parler à Yseut pour la prévenir de son départ. Sortez de la chambre à minuit et laissez-moi faire ! »

Dans l'après-midi, Frocin a acheté de la farine. Le soir après le repas, le roi Marc demande à Tristan d'aller le lendemain très tôt chez le roi Arthur et d'y rester toute la journée.

Comme prévu, le roi se lève à minuit, tandis que Tristan semble dormir, et il sort de sa chambre. Immédiatement Frocin entre et étale de la farine entre les deux lits. Si Tristan va dans le lit de la reine, il y aura des traces sur le sol. Mais Tristan, qui ne dort pas, a vu le nain étaler la farine. Il estime la distance entre les deux lits, puis il se met debout sur son lit et saute sur celui de la reine.

Dans l'après-midi, à la chasse, il s'est blessé la jambe et sa blessure saigne. Le sang tache les draps et la farine sur le sol. Tristan est si joyeux d'être dans les bras d'Yseut qu'il ne s'en aperçoit.

Frocin, Godoïne, Ganelon et Denoalain attendent dehors, ils demandent au roi d'entrer dans la chambre. Tristan les entend et se lève, il saute très rapidement dans son lit. Le roi aperçoit le sang dans les lits, sur la farine et sur la jambe de Tristan. « Voilà la preuve de votre culpabilité ! » dit le roi. Les trois barons se jettent sur Tristan et Yseut et leur ligotent[11] les mains. Tristan implore[12] le roi de ne pas tuer la reine.

Le roi ordonne ensuite qu'on creuse un fossé et qu'on cherche des branches pour faire brûler immédiatement son neveu et sa femme. Le peuple doit venir assister à l'exécution. Tout le monde pleure, tous aiment la reine et Tristan est le héros qui les a sauvés du Morhout. Ils demandent au roi de les juger avant de les exécuter, mais le roi Marc refuse. Il donne l'ordre d'allumer le feu et d'amener son neveu. On va le chercher.

Sur le chemin, il y a une chapelle exposée au vent du nord, en haut d'un rocher qui domine la mer. Tristan demande aux gardes de le laisser prier[13] dans la chapelle avant de mourir. Les gardes acceptent. Ils pensent qu'il y a une seule porte et qu'il est impossible de sortir de la chapelle sans passer par cette porte. Ils lui retirent donc ses liens et le laisse entrer. Tristan, une fois seul, se dirige

---

11. Ligoter : attacher avec des liens (corde).
12. Implorer : demander avec insistance.
13. Prier : parler à Dieu.

alors vers la verrière[14] derrière l'autel[15] et saute dans le vide. Le vent s'engouffre[16] dans ses vêtements et lui évite de faire une lourde chute. Il retombe sur le sable sans se blesser et s'enfuit. Il court le plus vite possible le long du rivage. Les gens de Cornouailles appellent encore ce rocher le *Saut de Tristan*.

Pendant ce temps, Gouvernal, le fidèle écuyer de Tristan, quitte la cité de Tintagel, car il sait que le roi le fera lui aussi brûler sur le bûcher. Il emporte l'épée et le cheval de Tristan. Sur le rivage, par chance, Tristan l'aperçoit et lui dit :

– Gouvernal, je ne sais pas par quel miracle je ne suis pas mort en sautant ! Yseut va mourir et je ne peux pas vivre sans elle !

Gouvernal lui répond :

– Vite ! Cachons-nous derrière ce bosquet[17]. Beaucoup de gens passent par ce chemin, nous allons bientôt avoir des nouvelles. Si l'on brûle Yseut, tuez les trois barons. Regardez ! J'ai votre épée !

Tristan ne peut rien faire pour le moment, tout le monde le cherche et le premier qui l'aperçoit doit le capturer[18], sous peine d'être tué.

Quand le roi Marc apprend l'évasion de son neveu, il est furieux. Il demande qu'on amène Yseut devant le bûcher.

Yvain, un lépreux*, est venu avec cent compagnons voir le spectacle. Ils sont laids, déformés et mutilés par

---

14. Une verrière : un toit en verre.
15. Un autel : une table dans l'église où le prêtre célèbre la messe.
16. S'engouffrer : pénétrer dedans.
17. Un bosquet : un groupe d'arbres.
18. Capturer : attraper par la force.

la maladie. Ils tiennent tous une crécelle*. Yvain dit au roi : « Sire, vous voulez brûler votre femme, mais si vous voulez bien écouter ma proposition, il y a encore pire que la mort. Donnez-nous Yseut. Jamais une femme ne peut connaître une fin aussi horrible. Nos habits nous collent à la peau, nous sommes cent et nous avons beaucoup de désir, aucune femme ne peut supporter même un seul jour de faire l'amour avec nous tous. Avec vous, Yseut a eu les honneurs, le château, les grandes salles, un lit avec de beaux draps, la bonne nourriture, les bons vins... Avec nous les lépreux, elle aura la nourriture qu'on nous jette devant les portes, pas de chambre mais une hutte[19], c'est sûr, elle va préférer la mort, le bûcher à la vie ! »

Le roi réfléchit, puis il va vers Yseut et l'attrape par les épaules. Elle pleure et crie « Je vous en supplie, brûlez-moi ! » Le roi la donne à Yvain et les autres lépreux l'entourent. Ils prennent tous le chemin en direction du rivage où est caché Tristan qui bondit sur son cheval et sort du bosquet.

Tristan s'écrie de toutes ses forces :

– Yvain ! Lâchez Yseut ou je vous coupe immédiatement la tête !

Yvain s'écrie à son tour :

– Lépreux, prenez vos béquilles et battez-vous !

La scène est incroyable, une centaine de lépreux essoufflés lèvent leurs béquilles en direction de Tristan qui ne veut pas se battre avec des malades. Gouvernal, attiré par les cris, arrive. Il tient une branche dans sa main et frappe Yvain à la tête, son sang coule jusqu'à ses pieds. Tristan attrape ensuite Yseut par le bras et la hisse[20] sur son cheval, ils s'enfuient vers la forêt.

---

19. Une hutte : une cabane faite de branches, de terre.
20. Hisser : monter avec la force.

Dans la forêt de Morrois, Tristan et Yseut se sentent en sécurité. Tristan construit une hutte avec des branches et ils mettent des feuillages sur le sol pour faire un lit. Gouvernal vole dans la cabane d'un forestier un arc et deux flèches. Tristan, qui est un merveilleux archer[21], peut alors chasser un chevreuil.

Gouvernal apporte des branches pour faire un grand feu et il fait rôtir un morceau de viande. Fatigués de toutes ces épreuves, les deux amants s'endorment enlacés[22].

Tristan et Yseut vivent très longtemps de cette façon dans la forêt malgré le froid, le vent, la pluie ou le soleil brûlant. Pour ne pas se faire prendre, chaque jour ils quittent l'endroit où ils se sont installés pour la nuit. Cette vie est difficile, le pain et le sel leur manquent, ils se nourrissent de baies sauvages et de viande. Ils maigrissent, ils sont pâles, leurs vêtements s'usent et se déchirent sur les ronces et les épines. Mais grâce à l'amour qu'ils ont l'un pour l'autre, ils ne souffrent pas.

---

21. Un archer : un tireur à l'arc (arme avec un fil tendu pour tirer une flèche.)
22. Enlacés : dans les bras l'un de l'autre.

3 – LE CHIEN HUSDENT

Tristan avait un beau chien blanc, rapide et bon chasseur, il s'appelait Husdent. Le roi a gardé le chien. Il l'a attaché et enfermé dans un donjon*. Depuis le départ de Tristan, le chien refuse de se nourrir. Il gratte à la porte et gémit, on ne sait pas s'il est enragé[23] ou s'il souffre du départ de Tristan.

Les barons demandent au roi de libérer le chien :

« Sire, libérez Husdent, nous allons voir s'il a la rage ou si Tristan lui manque. Si ce chien est enragé, il va immédiatement mordre quelqu'un. »

Le roi appelle un écuyer pour détacher le chien. Toutes les personnes présentes montent sur des bancs car elles ont peur d'être mordues. Le chien court dans tous les sens, il sort de la salle rapidement et va directement dans la chambre où se trouve d'habitude Tristan. Le roi et ses gens le suivent. Husdent aboie et pleure, il se dirige ensuite vers la chapelle, la foule le suit. Il entre dans la chapelle, il saute par la fenêtre comme son maître et arrive sur le rocher. Il se blesse à la patte, il flaire[24] le sol, aboie et se dirige vers la forêt. Il s'arrête un instant et s'enfonce sous les grands arbres.

Les barons disent au roi Marc : « Arrêtons de suivre ce chien ! Il va nous emmener dans un lieu d'où il sera difficile de revenir. »

Ils retournent tous au château.

---

23. Enragé : malade de la rage, une maladie mortelle des chiens qui se transmet pas les morsures.
24. Flairer : sentir (pour un chien).

Le chien trouve une piste. On l'entend aboyer dans toute la forêt. Tristan, Yseut et Gouvernal entendent les cris du chien. Tristan tend l'oreille et dit :

« Mais c'est Husdent ! C'est sûr, le roi est avec lui ! »

Ils ont très peur, ils s'affolent et se précipitent dans un bosquet. Tristan tend son arc, prêt à tirer. Husdent arrive seul, il saute sur son maître. Il remue la tête et la queue, lui lèche les mains, se roule à ses pieds, il pleure de joie. Il court ensuite vers Yseut et Gouvernal, il fait la fête à tout le monde, même aux deux chevaux.

Tristan est heureux de retrouver son chien, mais la joie se mêle à l'inquiétude.

– Qu'allons-nous faire de ce chien ? dit Tristan. Nous ne pouvons pas le garder, c'est trop dangereux, ses aboiements vont nous faire repérer, il est incapable de rester silencieux ! Il nous fait prendre trop de risques, le roi Marc nous fait rechercher dans tout le pays. Si ce chien reste avec nous, il nous fera beaucoup de soucis... Quel malheur ! Husdent nous a retrouvés ! Je vais être obligé de le tuer... Mais je ne peux pas tuer ce chien parce qu'il est trop fidèle ! Quelle tristesse !

Yseut prend le chien contre elle et répond :

– Les chiens aboient quand ils chassent, c'est par nature mais aussi par habitude. J'ai entendu dire qu'un forestier gallois a dressé son chien pour qu'il reste silencieux pendant la chasse. Il faut essayer d'apprendre à Husdent à ne plus aboyer quand il poursuit et attrape le gibier[25].

Tristan réfléchit quelques instants et dit :

– D'accord, je vais lui apprendre à ne plus aboyer et à chasser le gibier sans crier, mais j'ai peur !

---

25. Le gibier : les animaux que l'on chasse dans la forêt.

Tristan part à la chasse avec le chien. Il vise un cerf, le sang coule, le cerf s'enfuit et le joyeux Husdent saute et aboie. Tristan lui donne un grand coup, le chien ne comprend pas, il ne sait plus quoi faire, il ne poursuit pas le cerf, il s'arrête et regarde son maître. Tristan tape sur le sol pour indiquer la piste au chien, Husdent aboie et Tristan frappe encore le chien. En quelques semaines, Husdent est dressé, il n'aboie plus et il rend de nombreux services. Quand il attrape du gibier, il le cache sous des herbes et des branches et revient le chercher avec son maître.

4 – L'ERMITE OGRIN

Tristan et Yseut se reposent dans la hutte. Gouvernal part seul dans la forêt pour amener son cheval boire au ruisseau. Il entend des chiens qui chassent un cerf. Gouvernal se cache et aperçoit Ganelon, un des trois barons, qui arrive au grand galop, seul et sans écuyer. Il donne des coups d'éperon[26] au cheval qui se cabre[27] et le fait tomber. Gouvernal se jette sur lui et lui tranche la tête avec son épée. Il attache la tête par les cheveux à une branche, puis retourne à la hutte où dorment les amoureux. Tristan entend du bruit et se réveille, il lève les yeux et aperçoit la tête de son ennemi[28]. Effrayé, il saisit son épée. Gouvernal le rassure : « Ne bouge pas, tu peux dormir tranquille. C'est bien Ganelon, il t'a fait assez de mal ! »

Les habitants de Cornouailles ont appris la nouvelle, ils pensent que c'est Tristan qui a coupé la tête du baron. Maintenant plus personne ne veut aller chasser dans la forêt de peur de rencontrer Tristan. Les amants peuvent donc aller et venir plus tranquillement dans la forêt de Morrois et ils vont même un peu plus loin.

Un jour, ils arrivent par hasard à la maison du vieil ermite* Ogrin. Celui-ci reconnaît Tristan et Yseut et les invite à entrer dans son ermitage*.

---

26. Un éperon : pièce de métal fixée au talon du cavalier (personne qui monte à cheval).
27. Cabrer : le cheval se dresse sur ses pattes arrière.
28. Un ennemi ≠ un ami.

– Savez-vous que le roi Marc vous fait rechercher par tous les habitants du royaume ? Tous les barons veulent vous capturer pour vous ramener au château, vivants ou morts. Le roi promet une grosse récompense de cent deniers d'or.

L'ermite Ogrin leur conseille plusieurs fois de se séparer. Il demande à Tristan de rendre la reine à son époux. Il insiste sur l'obligation de se repentir[29] et leur dit :

– Dieu pardonne toujours au pécheur[30] qui se repent.

– Me repentir ? De quel crime ? s'exclame Tristan. J'aime Yseut plus que tout. Je préfère vivre comme un animal toute ma vie dans la forêt que de posséder sans elle toutes les richesses d'un roi.

Yseut éclate alors en sanglots[31] et, la voix pleine de larmes, elle ajoute :

– Il m'aime et je l'aime parce que nous avons bu tous les deux par accident un philtre d'amour qui nous oblige à nous aimer. Voilà notre faute !

Cette nuit-là, ils dorment chez Ogrin. Au petit matin, l'ermite prie pour eux et les bénit[32]. Il essaie encore de les convaincre, il leur cite des paroles du livre saint[33], mais Tristan et Yseut secouent la tête pour dire non. Puis Tristan prend Yseut par la main et ils disparaissent dans la forêt.

---

29. Se repentir : exprimer un fort regret d'avoir fait ou ne pas avoir fait quelque chose.
30. Un pécheur : une personne qui imagine ou fait de mauvaises actions.
31. Éclater en sanglots : pleurer fort.
32. Bénir : appeler la protection de Dieu.
33. Le livre saint : la Bible.

5 – LE PARDON DU ROI

*L*ES AMANTS vivent dans cette forêt depuis plus de deux ans. Plus le temps passe et plus les privations leur semblent pénibles. Ils sont très maigres, ils se fatiguent vite et leurs vêtements sont des haillons[34]. Yseut reste souvent seule toute la journée, elle attend son amant et Gouvernal qui partent chercher de la nourriture. Ce jour-là, il fait très chaud, le soleil est brûlant. Comme d'habitude, Gouvernal va chercher de l'eau au ruisseau et ramasser quelques racines, Tristan chasse avec son chien et Yseut attend assise sur un tapis de feuillage à l'ombre de la hutte.

Tristan suit un cerf dans la forêt. Il marche pendant des heures sous la chaleur sans jamais pouvoir tirer une flèche sur l'animal. À l'heure où il fait le plus chaud, il se sent très fatigué, il abandonne la piste du cerf et retourne à la hutte. La reine s'est endormie. Les pas de Tristan sur les feuilles la réveillent, les yeux pleins de sommeil Yseut lui dit :

– Tu m'as laissée depuis très longtemps.

– J'ai suivi un cerf dans la forêt pendant des heures, répond Tristan, sans jamais pouvoir le tuer. Je tombe de fatigue, je veux juste me coucher et dormir.

Tristan s'allonge sur le tapis de feuilles et pose son épée qu'il tient à la main le long de son corps. Il a tellement besoin de repos qu'il ne déshabille pas. Yseut s'allonge à son tour près de lui de l'autre côté de l'épée. Leurs deux corps sont rapprochés mais ne se touchent pas et l'acier de l'épée brille entre eux. Ils s'endorment.

---

34. Des haillons : des vêtements très vieux et déchirés.

Un forestier passe par là, il voit des traces de pas sur le sol, il soulève les feuillages et aperçoit les deux amants endormis. Il reconnaît Tristan et Yseut. Il sait que le roi Marc lui donnera une bonne récompense. Il repart sans faire de bruit et court jusqu'au château.

Le forestier entre brutalement dans la grande salle où se trouve le roi qui s'écrit : « Quelles nouvelles tu apportes pour entrer ici sans t'annoncer ? »

Le forestier se rapproche du roi et lui dit à l'oreille :

– Sire, j'ai entendu dire que si l'on trouve la reine et votre neveu on a le droit à une récompense !

Le roi Marc dit tout bas :

– Pourquoi, tu les as trouvés ?

– Oui, je les ai vus endormis l'un près de l'autre sous des feuillages dans la forêt de Morrois à deux lieues* d'ici.

Le roi devient rouge de colère et d'émotion.

– Si tu tiens à la vie, ne dis à personne ce que tu as vu. Va m'attendre à la Croix Rouge sur le chemin du cimetière.

Le roi Marc prévient les barons présents à la cour qu'il part seul une heure ou deux avec son cheval et qu'il ne veut pas être suivi. Il retrouve le forestier. Ils pénètrent dans la forêt de Morrois. Le roi serre son épée dans sa main et pense qu'il va bientôt les tuer.

Arrivés sur les lieux, le forestier murmure : « Sire, nous approchons. » Ils descendent de leurs chevaux, ils les attachent à un arbre et s'approchent doucement vers le lit de feuilles sans faire de bruit. Le roi Marc lève alors son épée mais son bras retombe. Il voit qu'ils sont habillés, l'un à côté de l'autre séparés par l'épée de Tristan. Il sait qu'une épée entre deux corps est symbole de chasteté[35]. Il se dit :

---

35. Chasteté : absence de relations sexuelles.

« Non, je ne peux pas les tuer ! Ils ont mis une épée entre eux, ils sont habillés, ils ne se touchent pas, donc ils ne sont pas amants. Je ne dois pas les réveiller, car par peur Tristan va vouloir se défendre. Je vais juste laisser des signes de mon passage. »

Il demande au forestier de l'attendre plus loin. Il retire doucement l'anneau du doigt maigre de la reine. Il lui a offert cette bague le jour de son mariage. Il remplace l'anneau par le sien. Il pense que par cet échange elle comprendra qu'il l'aime toujours. Il prend l'épée de Tristan et place son épée entre son neveu et son épouse. Par cet acte, il lui rend sa confiance comme au jour où il l'a armé pour combattre le Morhout. Pour protéger Yseut d'un rayon de soleil qui éclaire son visage resplendissant dans la pénombre[36], il place dans les feuillages ses gants parés d'hermine*. « Que ces gants symboles de la puissance du roi, belle Yseut, vous montrent que je vous prends sous ma protection ! »

Le forestier s'étonne de voir le roi revenir aussi vite. Le roi lui dit alors : « Je n'ai pas à t'expliquer mon attitude, fuis maintenant loin d'ici si tu tiens à la vie ! »

Le roi Marc rentre ensuite au château et ne donne pas d'explications aux barons.

Pendant ce temps, Yseut se réveille, un gant tombe sur son visage, elle crie. Tristan se réveille d'un coup et aperçoit l'épée du roi au pommeau[37] d'or. Au même moment, Yseut voit l'anneau du roi Marc à son doigt.

– Le roi, nous a découverts !

– Oui, et il a laissé son épée pour me dire qu'il pouvait

---

36. La pénombre : une lumière faible.
37. Un pommeau : la poignée de l'épée.

me tuer pendant que je dormais ! Il veut nous signaler sa puissance, c'est pourquoi il a aussi laissé ses gants.

Gouvernal revient de la chasse, il entre dans la hutte et les voit pâles et inquiets. Tristan lui explique que le roi les a retrouvés et qu'il a laissé des objets personnels.

Gouvernal pense qu'il faut vite fuir, que le roi va revenir avec des soldats. Tous les trois s'enfuient vers le pays de Galles, au bout de la forêt de Morrois. Ils marchent longtemps sans se reposer.

6 – LE RETOUR D'YSEUT À LA COUR DU ROI MARC

La durée des effets du philtre d'amour est de trois ans. Le lendemain de la Saint-Jean, l'action du philtre prend fin. Tristan est comme d'habitude à la chasse et Yseut dans la hutte. Il se met alors à penser :

« J'ai connu beaucoup de malheurs, j'ai oublié la chevalerie*, la vie au château, tout me manque ! J'ai fait beaucoup de mal à mon cher oncle. Et la reine, la pauvre, a une vie misérable... Elle dort dans une hutte sur un tas de feuilles. »

Il retrouve Yseut et ils se lamentent ensemble. Yseut répète tout le temps : « Pauvre fille ! Qu'as-tu fait de ta jeunesse ? Je suis reine et je vis comme un animal dans les bois. Dans quelle situation nous a mis Brangien le jour où nous avons bu ce philtre d'amour ! »

Tristan lui répond : « Ma chère Yseut, tout à l'heure, j'ai eu l'étrange sentiment que la force du philtre d'amour ne me dominait plus. Notre amour reste très fort, mais ce n'est plus une contrainte[38] magique, je peux maintenant penser à te rendre au roi Marc. Mais comment pouvons-nous faire ? »

Les deux amants se souviennent alors de l'ermite Ogrin : lui seul peut les conseiller. Tristan propose de retourner chez lui dès le lendemain matin.

Après une longue marche dans la forêt, ils arrivent à l'ermitage. Quand Ogrin les voit il s'exclame :

– L'amour que vous avez l'un pour l'autre, vous fait trop souffrir et vous oblige à vous cacher dans cette forêt !

---

38. Une contrainte : une obligation.

Vous avez trop longtemps mené cette vie ! Allez courage ! Repentez-vous enfin !

– Cela fait trois ans que nous vivons dans le malheur, répond Tristan. Nous venons chercher des conseils pour réconcilier la reine et le roi.

– Quel miracle ! Merci mon Dieu de ramener ces deux pécheurs à la raison ! Tristan et vous, Yseut, écoutez-moi ! Quand deux personnes se sont aimées d'un amour coupable et qu'elles le regrettent sincèrement, Dieu ne leur refuse jamais son pardon. Pour ramener la paix, il est parfois préférable de mentir. Tristan, il faut écrire au roi et lui dire que vous n'avez jamais été amants, vous avez emmené Yseut avec vous dans les bois pour qu'elle échappe aux lépreux. Vous pouvez aussi ajouter que s'il vous accepte à la cour, vous ferez votre devoir et vous le servirez, sinon vous partirez servir un seigneur dans un autre royaume.

Puis Ogrin s'assoit alors à son écritoire* et écrit la lettre sur un parchemin*. Tristan scelle* la lettre avec sa bague.

– Qui de nous va porter ce message ? dit l'ermite.

– Moi, répond Tristan. Je connais bien les lieux, avec Gouvernal nous partirons cette nuit.

Après le coucher du soleil, Tristan et son écuyer partent vers Tintagel. Ils arrivent à l'heure où le guetteur* souffle dans sa corne sur les remparts* pour annoncer le lever du soleil.

Tristan descend de son cheval et se cache dans un fossé en arrivant au château. Puis il grimpe à la fenêtre du roi et l'appelle. Le roi se réveille tout étonné :

– Qui es-tu pour venir à cette heure ?

– Sire, c'est Tristan. Je vous apporte une lettre, je la laisse sur le bord de la fenêtre, donnez-moi votre réponse au lieu indiqué sur la lettre.

— Mon neveu, attendez-moi, j'arrive !

Le roi se lève, va à la fenêtre, il appelle Tristan, mais celui-ci est déjà loin. Tristan rejoint Gouvernal et tous les deux galopent jusqu'à l'ermitage sans s'arrêter.

Le roi Marc brise le cachet de cire* et ouvre le parchemin. Il est heureux de ces nouvelles car il aime toujours la reine. Il appelle immédiatement les barons pour leur lire la lettre.

Tristan y rappelle son combat contre le Morhout, les sentences[39] du roi Marc, sa fuite avec Yseut dans la forêt pour échapper au bûcher et aux lépreux, leur loyauté, leur chasteté, la visite du roi dans la forêt alors qu'ils dormaient l'un à côté de l'autre sans penser à mal.

La lettre se termine ainsi :

« Sire, pour défendre l'innocence d'Yseut, je suis prêt à me battre contre les barons qui parlent mal de la reine. Si vous êtes d'accord pour reprendre votre épouse et pour me garder auprès de vous, personne dans ce royaume ne vous sera aussi fidèle que moi. Si vous ne voulez pas de moi et de la reine, je partirai servir un seigneur* dans un autre royaume et je ramènerai la reine en Irlande. Je ne peux plus supporter de la voir vivre comme un animal dans la forêt. Donnez-moi votre réponse en l'accrochant à la Croix Rouge. »

Les barons voient que Tristan propose un combat pour prouver l'innocence d'Yseut et la sienne. Personne ne veut se battre contre lui, alors ils se taisent. Les autres disent au roi :

« Sire, reprenez votre épouse, accordez votre pardon, la pauvre a beaucoup souffert. Tristan doit aller combattre ailleurs, faites-le revenir plus tard. »

---

39. Les sentences : les punitions.

Le roi appelle le chapelain* pour écrire sa réponse qu'il fait immédiatement apporter à la Croix Rouge.

Pendant la nuit, Tristan va chercher la lettre qu'il rapporte à l'ermitage. Ogrin lit la réponse à haute voix. Dans trois jours, il doit accompagner Yseut au Gué Aventureux pour la rendre au roi Marc.

Le lendemain, l'ermite va au marché où il achète de beaux vêtements pour présenter la reine à son époux.

Yseut demande à Tristan de lui laisser Husdent :

– Quand je serai triste, ce chien me donnera de la joie car je penserai à toi. Je te laisse ma bague de jaspe vert et, chaque fois que tu la regarderas, tu penseras à moi. Si tu m'envoies un message, donne la bague à celui qui m'apportera ce message.

– Belle amie, répond Tristan, je te donne Husdent et je prends ta bague.

Dans toute la Cornouaille, on proclame le retour de la reine. Le jour où ils doivent se retrouver, le roi est entouré d'une grande foule. Tristan accompagne la reine au Gué Aventureux. Yseut lui demande :

– Tristan, s'il te plaît, ne part pas tout de suite, j'ai peur. Attends de voir comment se comporte le roi. Cache-toi dans la cabane d'Orri le forestier et mon valet* Périnis te donnera de mes nouvelles.

– Ma belle Yseut, ne t'inquiète pas. Je vais rester chez Orri aussi longtemps que nécessaire.

Ils arrivent au Gué Aventureux. Yseut descend de son cheval et le roi Marc la prend dans ses bras. Elle est magnifique, son visage est pâle mais lumineux, elle porte

une robe blanche brodée, ses longs cheveux blonds sont tressés avec du fil d'or. Tristan regarde le roi dans les yeux et lui dit d'une voix ferme :

— Roi, je te rends la noble reine, ton épouse, aime-la. Moi, j'ai décidé d'aller offrir mes services dans un autre royaume.

Le roi Marc lui répond :

— Je te donne or et argent en quantité, de quoi vivre agréablement.

— Merci, dit Tristan, mais je n'accepte de vous qu'une maille* et, s'il vous plaît, rendez-moi mon épée. Mon écuyer a apporté votre épée royale.

Ils échangent alors leurs épées. Sans parler davantage, Tristan prend le chemin de la mer et Yseut le suit du regard.

7 – LE SERMENT D'YSEUT

*U*N MOIS PASSE, le roi part à la chasse. Les barons profitent de ce moment pour parler au roi :
— Sire, même si vous avez pardonné à la reine, plusieurs hommes ont demandé un jugement quand vous avez voulu la faire mourir sur le bûcher. Yseut doit maintenant se justifier.

Le roi Marc, très en colère, répond :
— Seigneurs de Cornouailles, personne n'a voulu prendre les armes contre Tristan et, maintenant qu'il est parti, vous osez encore attaquer Yseut !

Le roi rentre au château, il se dirige directement dans la chambre de son épouse. Il enlève son épée et s'assoit à ses pieds. Yseut voit que son mari est en colère, elle pense qu'il sait que Tristan est encore en Cornouailles. Inquiète, elle lui demande :
— Sire, que se passe-t-il ? Je vois sur votre visage que quelque chose ne va pas.
— Belle Yseut, répond le roi, les barons demandent un serment[40] sur la Bible. Vous devez jurer que Tristan n'a jamais été votre amant.
— J'accepte leur demande, répond Yseut, très énervée, mais après qu'ils me laissent tranquille ! Comme je n'ai pas de famille en Cornouailles, je veux que le roi Arthur et sa cour assistent à ce serment. Le lieu du serment sera le marais[41] du Mal Pas.

---

40. Prêter serment : jurer, dire quelque chose avec un ferme engagement.
41. Un marais : une étendue d'eau boueuse (boue : mélange de terre et d'eau).

Le roi Marc sort de la chambre et Yseut appelle immédiatement Brangien, sa fidèle servante. Elle lui raconte sa conversation avec le roi et elle lui demande son aide :

– Brangien, cherche avec moi comment je peux jurer sans mentir et sans attirer sur moi la colère de Dieu.

– Reine, ne prêtez pas serment ! répond Brangien. Vous ne pouvez pas mentir sur le saint livre, Dieu vous punira. Refusez la demande des barons !

– Je dois jurer que je n'ai jamais aimé Tristan d'un amour coupable, donc je dois trouver une manière de le dire sans mentir. Yseut se tait, réfléchit... Elle imagine alors une étrange ruse. Elle envoie son valet Périnis prévenir Tristan qu'il devra aller au marais du Mal Pas le jour du serment, déguisé en lépreux, le visage bouffi[42].

Périnis part ensuite prévenir le roi Arthur qui est un grand ami d'Yseut. Le roi Arthur est assis autour d'une table ronde avec ses chevaliers. Périnis les informe que le serment aura lieu dans huit jours. Le roi Arthur dit qu'il fera tout ce que demande la belle Yseut et qu'il est son fidèle serviteur.

Le jour du jugement arrive. Tristan se rend au marais du Mal Pas. Il porte un habit de laine sans chemise, sa tunique est sale et en tissu épais, ses bottes sont rapiécées[43], son manteau est noir de crasse. Il ressemble vraiment à un lépreux. Il s'appuie sur sa béquille. Quand quelqu'un passe devant lui, il fait sonner quelques pièces de monnaie dans son gobelet pour demander aux passants de lui donner de l'argent. Certains le battent ou l'insultent, mais il garde son calme et reste là, tête baissée, à mendier[44].

---

42. Bouffi : visage gonflé.
43. Rapiécer : réparer des vieux vêtements.
44. Mendier : demander de l'argent aux gens.

Les chevaliers arrivent à leur tour, suivis du roi Arthur. Il y a une très grande foule autour du marais, les chevaux s'enfoncent dans la boue et les gens salissent leurs vêtements.

Tristan crie : « Sire Arthur ! Je suis un lépreux, mon père est pauvre et ne possède pas de terre. Comme je suis malade, j'ai toujours froid. Tu as de beaux vêtements ! Sire, je t'en prie, donne-moi tes guêtres*! »

Le roi a pitié du lépreux et lui donne ses guêtres. Tristan les emporte puis il va vite s'assoir un peu en hauteur pour voir passer les invités. Il secoue toujours son gobelet et sa crécelle.

Voici le roi Marc, Tristan l'appelle et lui demande un vêtement pour le froid. Le roi lui tend son bonnet de fourrure. Maintenant voilà Godoïne et Denoalain, ils demandent au lépreux par où passer pour ne pas s'embourber[45]. Tristan lève sa béquille pour leur indiquer l'endroit où il y a la plus grande quantité de boue. Les deux barons y vont et, bien sûr, ils s'embourbent jusqu'à la selle de leur chevaux, puis presque tout entiers.

Yseut arrive enfin et voit ses ennemis entièrement mouillés et sales. Tristan leur tend sa béquille pour les aider à sortir de la boue. Cette scène l'amuse et elle rit. Elle doit aussi franchir le marais. Elle laisse son cheval aller seul sur l'autre rive.

Yseut appelle le lépreux pour lui demander de l'aider à passer. Elle lui dit :

– Je ne veux pas salir mes vêtements. Tu vas me porter de l'autre côté de la rive.

Le lépreux répond :

– Noble dame, je suis lépreux, mon corps est couvert de tumeurs et je suis infirme.

---

45. S'embourber : s'enfoncer dans la boue.

– Vite ! Porte-moi, je ne vais pas attraper ta maladie ! dit Yseut.

Tout le monde regarde avec étonnement la reine dans les bras du lépreux appuyé sur sa béquille qui risque de tomber. Il a la tête baissée et avance péniblement jusqu'à la terre ferme. Il demande ensuite à la reine de lui donner de l'argent en échange de son service. « Tu l'as bien gagné ! » dit le roi Arthur, mais Yseut répond : « Ce lépreux est robuste, j'ai senti que son sac est plein de nourriture, et s'il vend vos guêtres et le bonnet de mon mari, il peut gagner beaucoup d'argent. »

Puis un écuyer amène à la reine son cheval et elle remonte en selle.

Devant les tentes[46] dressées, tout le monde est assemblé. Les rois sont à l'écart de la foule, le roi Arthur dit alors au roi Marc : « Roi Marc, ceux qui vous ont conseillé sont vraiment des traîtres, vous êtes très influençable ! Vous ne devez plus écouter les mensonges. Yseut va jurer sur le saint livre que votre neveu n'a jamais été son amant, dites ensuite à vos barons qu'ils la laissent tranquille ! Si quelqu'un l'accuse encore, je vous jure que je le ferai tuer ! »

Tout le monde s'assoit en rangs, Yseut avance. Le roi Arthur prend alors la parole :

– Reine Yseut, voici la déclaration qu'on attend de vous : Tristan et vous-même ne vous êtes jamais aimés d'un amour coupable.

Yseut se dresse et tend la main sur le saint livre :

– Sire, répond Yseut, je vais faire mieux que ce que vous

---

46. Une tente : une maison de toile utilisée pour le campement de voyageurs ou de soldats.

me demandez. Écoutez tous ! Devant Dieu et sur le saint livre, je jure que jamais aucun homme ne m'a tenue dans ses bras sauf mon époux le roi Marc et ce lépreux tout à l'heure pour me faire traverser le marais.

Le roi Arthur se lève et s'adresse à tous :

— Tout le monde a entendu le serment d'Yseut ! Maintenant personne ne doit essayer d'accuser à nouveau la reine, car je viendrai avec mes chevaliers tuer celui qui dira de mauvaises paroles.

Yseut remercie beaucoup le roi Arthur, puis le roi Marc ajoute :

— Plus personne ne va accuser la reine, tous ont entendu et je n'écouterai plus jamais les mensonges des barons.

Ensuite, ils se quittent et chacun retourne dans son royaume.

8 – LA MORT DES BARONS

Tristan reste en Cornouailles. Il rend visite régulièrement à Yseut dans sa chambre. Un serf* au service de Godoïne les a vus. Il espère avoir une bonne récompense en allant le dire aux deux barons :

– Seigneurs, la reine a fait un faux serment. Vous pouvez me tuer si je vous mens. Voici ce qui se passe : quand le roi Marc part à la chasse ou ailleurs, Tristan va voir la reine.

– Il n'est pas parti ? demande Godoïne.

– Non, il est toujours en Cornouailles.

– Comment le sais-tu ? demande Denoalain.

– Je l'ai vu !

– Où ?

– Dans le jardin, derrière la chambre de la reine.

– Et où se cache-t-il ?

– Je ne sais pas mais demain soir, je vous y accompagne. Si je vous montre, vous me donnerez de l'argent ?

– Si tu dis vrai, beaucoup !

– Écoutez-moi, il y a une petite ouverture à côté de la fenêtre de la chambre d'Yseut du côté du jardin. Demain vers minuit, l'un de vous doit y aller. Ils décident que Godoïne ira.

Le lendemain, le roi Marc part pour le château de Saint-Lubin, Yseut envoie Périnis prévenir Tristan qu'il peut venir la voir peu après minuit.

La lune brille quand Tristan sort de la cabane d'Orri le forestier. Par prudence, Tristan emporte toujours son épée et son arc. Dans le petit bois sur le chemin du château, il voit Godoïne. Il se cache dans un bosquet, il le suit à distance et soudain, il aperçoit Denoalain qui approche.

Tristan se cache à nouveau derrière un arbre, lève son épée et bondit sur lui. Denoalain pris par surprise, n'a pas le temps de réagir, Tristan lui tranche la tête et coupe ses tresses qu'il met dans ses bottes pour les montrer à Yseut. Il se demande où est passé Godoïne qui a très vite disparu.

Pendant ce temps, Godoïne est déjà arrivé au château, il observe la chambre de la reine par la petite ouverture indiquée par le serf. Brangien peigne les longs cheveux blonds d'Yseut assise face à son miroir qui aperçoit le reflet de Godoïne. Tristan entre dans la chambre, il tient triomphalement dans la main les tresses de son ennemi.

– Mon amie, je vous apporte en cadeau les tresses de Denoalain, je lui ai coupé la tête !

– Grand merci ! répond Yseut. Tristan pouvez-vous tendre votre arc pour voir s'il fonctionne toujours aussi bien que dans la forêt ?

Tristan un peu surpris, sans comprendre, tend l'arc. Yseut lui dit à l'oreille : « Ami, lancez une flèche, j'aperçois là-bas un visage que je connais bien. » Tristan regarde discrètement vers la fenêtre et voit son ennemi. Il vise et tire, la flèche se plante dans l'œil de Godoïne qui tombe dans le jardin.

Yseut dit alors : « Les traîtres sont morts, nous n'aurons plus de problèmes. Périnis va faire disparaître les corps des deux barons. »

10 ÉPILOGUE

Tristan ne reste plus longtemps en Cornouailles, il se décide enfin à partir. Il se rend en Armorique et offre ses services au duc Hoël en guerre contre le comte de Riol.

Là, il épouse une autre femme du nom d'Yseut aux blanches mains, la fille du duc. Elle ressemble à l'autre Yseut par son nom et par sa beauté. Il espère ainsi oublier celle qui l'aime. Le soir des noces, il regarde la bague de jaspe vert que lui a donnée Yseut autrefois et les souvenirs l'envahissent. Il est incapable de remplacer sa belle et chère Yseut, et il n'arrive pas à honorer son épouse[47]. Lorsque Kaherlin, fils du duc d'Hoël, l'apprend, il est très en colère. Il demande des explications à Tristan qui lui raconte sa vie et son amour pour la belle Yseut restée en Cornouailles. Kaherlin exige une preuve.

Ils partent tous les deux en Cornouailles pour rencontrer Yseut. Kaherlin comprend alors la passion de Tristan pour cette femme si belle. C'est une des dernières fois que Tristan et Yseut se rencontrent. Par la suite, Tristan ne parviendra à revoir que deux fois Yseut, en utilisant des ruses.

Le temps passe... En Armorique, Tristan, triste et nostalgique, construit en secret un petit palais, sur les terres du géant Beliagog, avec l'aide de celui-ci. Il installe, dans deux salles, des statues qui représentent les personnages importants de sa vie passée : le géant Morhout, le dragon d'Irlande, le chien Husdent, Brangien et bien sûr la belle Yseut. Tristan s'y rend régulièrement pour prendre Yseut dans ses bras.

---

47. Honorer son épouse : avoir des relations sexuelles avec son épouse.

Lors d'un combat, Tristan est blessé par une flèche empoisonnée. Son ami Kaherlin part en bateau chercher la belle Yseut, car elle seule peut le soigner.

Tristan est très mal mais, dans l'espoir de revoir Yseut, il se bat pour rester en vie.

La couleur de la voile doit indiquer si la reine a accepté de venir à son secours : si elle est blanche, Yseut est sur le bateau et si elle est noire, Yseut est restée en Cornouailles.

En mer, le voyage est difficile, il y a une tempête qui retarde l'arrivée du bateau en Armorique. Tristan demande régulièrement à son épouse, Yseut aux blanches mains, de guetter par la fenêtre l'arrivée du bateau dans le port. Un matin, le bateau arrive enfin. Yseut aux blanches mains s'avance vers le lit de Tristan pour le prévenir. Il lui demande si elle est sûre d'avoir bien reconnu le bateau, elle lui répond que oui. Il l'interroge alors sur la couleur de la voile, et elle lui dit, par jalousie, qu'elle est noire.

Le chagrin est alors si violent que Tristan meurt immédiatement. Yseut, en débarquant[48], apprend la nouvelle. Elle court jusqu'à la chambre de Tristan, se couche à côté de lui et meurt de chagrin à son tour.

Le roi Marc enterre les deux amants l'un près de l'autre. Il plante sur la tombe d'Yseut des roses rouges et sur celle de Tristan une vigne. On raconte que les deux arbustes sont si étroitement mêlés qu'il est impossible de les séparer.

Tristan et Yseut sont enfin réunis dans la mort.

---

48. Débarquer : quitter le bateau.

VOCABULAIRE

LE MOYEN ÂGE

Aubergiste : un hôtelier (personne qui s'occupe d'un hôtel).
Baron : titre de noblesse, seigneur sous l'autorité du roi.
Cachet de cire : de la cire (bougie) utilisée pour fermer une lettre avec un dessin en relief.
Chapelain : un prêtre (religieux) qui s'occupe d'une chapelle.
Chevalerie : l'ordre (organisation) des chevaliers.
Chevalier : un guerrier d'origine noble qui a des armes et un cheval.
Crécelle : un petit instrument en bois très bruyant que les lépreux font tourner pour annoncer leur venue.
Cour : toutes les personnes qui vivent avec le roi au château.
Donjon : une tour.
Écritoire : un coffret où se trouvent tous les objets pour écrire.
Ermitage : un lieu isolé habité par un ermite.
Ermite : un religieux qui vit seul pour prier.
Écuyer : un homme qui accompagne un chevalier et porte ses armes (épée, bouclier...).
Guêtre : une bande de cuir qui recouvre le bas de la jambe (la cheville et le mollet).
Guetteur : une personne qui surveille le château ou la cité (ville).
Hermine (gants parés d'hermine) : des gants avec de la fourrure blanche (qui vient d'un animal, l'hermine).
Lépreux : un malade de la lèpre (maladie infectieuse et contagieuse, fréquente au Moyen Âge, qui fait des blessures sur la peau et touche le système nerveux).
Lieue : une unité de mesure au Moyen Âge.

Maille : un vêtement en métal utilisé pendant le combat pour se protéger.
Parchemin : une peau d'animal (mouton ou chèvre) sur laquelle on écrit.
Rempart : un mur qui entoure un château ou une cité (ville).
Sceller une lettre : fermer une lettre avec un cachet de cire.
Seigneur : une personne noble qui est propriétaire d'un domaine.
Serf : une personne qui travaille et vit sur les terres d'un seigneur, qui n'est pas totalement libre.
Sire : la formule de respect pour s'adresser aux rois.
Tribut : un impôt.
Valet : un serviteur.

QUESTIONS POUR COMPRENDRE

Prologue

1. Qui est Yseut ?
2. Qui est le Morhout ?
3. Pourquoi le roi Marc veut-il épouser Yseut ?
4. Pourquoi Tristan est-il blessé et qui le soigne ?
5. Pourquoi Tristan et Yseut boivent-ils le philtre d'amour ?

1 – Le rendez-vous

1. Comment Yseut comprend que le roi Marc les espionne ?
2. Que demande Tristan à Yseut ?
3. Pourquoi le roi Marc déteste-t-il Tristan ?

2 – Le piège et l'évasion

1. Quels sont les conseils de Frocin ?
2. Comment le roi Marc comprend-il que Tristan et Yseut sont coupables ?
3. Qu'ordonne le roi Marc ?
4. Comment Tristan s'évade-t-il ?
5. Que demande Yvain au roi Marc ?

3 – Le chien Husdent

1. Que fait Husdent quand on le détache ?
2. Pourquoi Tristan veut-il tuer son chien ?
3. Quelle est l'idée d'Yseut pour ne pas tuer le chien ?

4 – L'ermite Ogrin

1. Quels sont les conseils d'Ogrin ?
2. Pourquoi Tristan refuse-t-il les conseils d'Ogrin ?

5 – Le pardon du roi

1. Qui a découvert Tristan et Yseut ?
2. Pourquoi le roi Marc ne tue-t-il pas Tristan et Yseut ?
3. Quels objets le roi Marc laisse-t-il ?

6 – Le retour d'Yseut à la cour du roi Marc

1. Combien de temps les effets du philtre d'amour durent-ils ?
2. Quel est le conseil d'Ogrin ?
3. Quelle est la réponse du roi Marc ?
4. Que demande Yseut à Tristan ?

7 – Le serment d'Yseut

1. Quelle est l'idée d'Yseut pour jurer sans mentir ?
2. Qui assiste au serment ?

8 – La mort des barons

1. Comment Denoalain meurt-il ?
2. Comment Godoïne meurt-il ?

Épilogue

1. Où Tristan part-il ?
2. Qui est Yseut aux blanches mains ?
3. Pourquoi Tristan construit-il un palais ?
4. Que signifient la voile noire et la voile blanche ?

Solutions

Prologue

1. Yseut est la fille du roi d'Irlande et la nièce de Morhout.
2. Le Morhout est un géant irlandais.
3. Parce que les barons le pressent de se marier.
4. Tristan est blessé par le Morhout. Yseut et sa mère soignent Tristan.
5. Ils boivent le philtre d'amour par erreur.

1.

1. Yseut aperçoit le reflet du roi Marc dans la fontaine.
2. Tristan demande à Yseut de l'aider. Elle doit dire au roi Marc qu'il veut se réconcilier.
3. Parce que les barons ont raconté des mensonges sur Tristan. Ils disent au roi qu'il a une relation avec Yseut.

2.

1. Frocin conseille d'envoyer Tristan porter un message au roi Arthur.
2. Le roi voit du sang dans les lits sur la farine et sur la jambe de Tristan.
3. Le roi ordonne qu'on creuse un fossé pour faire brûler son neveu et sa femme.
4. Tristan fait croire aux gardes qu'il veut prier. Seul, il saute sur le sable depuis la chapelle.
5. Yvain demande au roi Marc de lui donner Yseut.

3.

1. Il cherche Tristan.
2. Il a peur d'être repéré à cause des aboiements du chien.
3. Dresser le chien, lui apprendre à ne plus aboyer.

4.
1. Ogrin conseille à Tristan et Yseut de se séparer, de se repentir.
2. Parce qu'il n'a pas commis de crime et qu'il aime Yseut plus que tout.

5.
1. Un forestier.
2. Parce qu'ils pensent qu'ils ne sont pas amants.
3. son anneau, son épée et ses gants.

6.
1. trois ans
2. Ogrin conseille à Tristan et Yseut de mentir. Ils doivent écrire au roi et dire qu'ils n'ont jamais été amants.
3. Le roi demande à Tristan d'acompagner Yseut au Gué Aventureux.
4. de garder Husdent.

7.
1. déguiser Tristan en lépreux.
2. La foule, les barons, le roi Marc et le roi Arthur.

8.
1. Tristan coupe la tête de Denoalain.
2. Tristan tire une flèche dans l'œil de Godoïne.

Épilogue
1. Tristan part en Armorique.
2. Le fille du duc Hoël
3. pour installer des statues qui représentent les personnages importants de sa vie passée.
4. La voile noire signifie qu'Yseut est venue au secours de Tristan ; la voile blanche signifie qu'Yseut n'est pas venue au secours de Tristan.